香港國際詩歌之夜 *2015*
INTERNATIONAL POETRY NIGHTS IN HONG KONG

編輯 Editors

北島 Bei Dao

陳嘉恩 Shelby K. Y. Chan

方梓勳 Gilbert C. F. Fong

柯夏智 Lucas Klein

馬德松 Christopher Mattison

宋子江 Chris Song

目錄 Contents

艾棘·米索
Agi Mishol

אוודים

אֶפְשְׁטֵיין, הַמּוֹרֶה שֶׁלִּי לְמָתֶמָטִיקָה,
אָהַב לְהוֹצִיא אוֹתִי לַלּוּחַ.
אָמַר שֶׁהָרֹאשׁ שֶׁלִּי מַתְאִים רַק לְכּוֹבַע.
אָמַר שֶׁצִּפּוֹר עִם שֵׂכֶל כְּמוֹ שֶׁלִּי
הָיְתָה עָפָה אָחוֹרָה.
שָׁלַח אוֹתִי לִרְעוֹת אֲוָזִים.

עַכְשָׁו, בְּמֶרְחַק שָׁנִים מִן הַמִּשְׁפָּט הַזֶּה,
כְּשֶׁאֲנִי יוֹשֶׁבֶת תַּחַת הַדֶּקֶל
עִם שְׁלֹשֶׁת הָאֲוָזִים הַיָּפִים שֶׁלִּי,
אֲנִי חוֹשֶׁבֶת שֶׁאוּלַי הִרְחִיק אָז לִרְאוֹת,
הַמּוֹרֶה שֶׁלִּי לְמָתֶמָטִיקָה,
וְהַצֶּדֶק הָיָה עִמּוֹ,

כִּי אֵין מַה שֶּׁמְּשַׂמֵּחַ אוֹתִי יוֹתֵר
מֵאֲשֶׁר לִרְאוֹת אוֹתָם כָּעֵת
עָטִים עַל הַלֶּחֶם הַמְּפֹרָר,
מְכַשְׁכְּשִׁים בִּזְנָבָם הַשָּׂמֵחַ,

קוֹפְאִים רֶגַע דֹּם
מִתַּחַת לְרְסִיסֵי הַמַּיִם
שֶׁאֲנִי מַתִּיזָה עֲלֵיהֶם
מִן הַצִּנּוֹר,
זוֹקְפִים אֶת רֹאשָׁם וְגוּפָם
נִמְתָּח אָז כְּזוֹכֵר
אֲגַמִּים רְחוֹקִים.

מֵאָז מֵת כְּבָר הַמּוֹרֶה שֶׁלִּי לְמָתֶמָטִיקָה
וּמֵתוּ גַּם בְּעָיוֹתָיו שֶׁאַף פַּעַם לֹא עָלָה בְּיָדִי
לִפְתֹּר.
אֲנִי אוֹהֶבֶת כּוֹבָעִים,
וְתָמִיד בָּעֶרֶב
כְּשֶׁהַצִּפֳּרִים חוֹזְרוֹת אֶל תּוֹךְ הָעֵץ,
אֲנִי מְחַפֶּשֶׂת אֶת זֹאת שֶׁעָפָה אֲחוֹרָה.

鵝

愛泊斯坦，我的數學老師，
喜歡把我叫到黑板前，
說我的腦袋只適合戴帽子。
要是鳥兒跟我的智力相當
只會向後飛。
他派我去放鵝。

現在，這道審判過去多年，
當我坐在棕櫚樹下，
與我的三隻美麗的鵝在一起，
我覺得他當時也許是有遠見的，
我的數學老師，
他是對的。

因為最令我高興的，
莫過於現在看著牠們，
圍攻碎麵包渣，
快樂地搖動尾巴，
或者當我用水管噴灑牠們
在水珠下

僵住一會兒
牠們豎起頭，伸展身體，
像是記起了
遙遠的湖泊。

從那時起我的數學老師已經死了，
一同死去的還有他那些
我從來不舉手回答的問題。
我喜歡帽子，
每到傍晚，
當鳥兒們回到林間，
我便尋找那一隻向後飛的鳥兒。

(林婧　譯)

Geese

My math teacher Epstein
liked to call me to the blackboard.
He said that my head was good only for hats,
and that a bird with brains like mine
would fly backwards.
He sent me to tend the geese.

Now, at a distance of years from his sentence,
when I sit under the palm tree
with my three beautiful geese,
I think that math teacher of mine was farsighted.
He was right,

because nothing makes me happier
than to watch them now
falling upon bread crumbs,
joyful tails wagging,
or freezing for a moment
under beads of water
when I spray them
with a hose,

holding their heads erect,
bodies stretched back
as if remembering faraway lakes.

Since then my math teacher has died,
together with the math problems
I could never solve.
I like hats
and always at evening
when the birds return to the tree
I look for the one flying backwards.

(Translated by Lisa Katz)

אז

כְּשֶׁאָהַבְנוּ לְלֹא שׁוּלַיִם וֶאֱלוֹהִים
בָּא לָקַחַת אֶת שֶׁלּוֹ
זָרַקְנוּ לוֹ חִיּוּךְ קָטָן כִּי לֹא חָשַׁבְנוּ
שֶׁמַּגִּיעַ לוֹ יוֹתֵר

בּוֹהִים לְמֶרְחָקִים אֲרוּכִּים בָּטַחְנוּ אָז
בָּאֲשִׁישׁוֹת:
חֲבִיתִיּוֹת אַהֲבָה קְטַנּוֹת מְטֻגָּנוֹת
לְשֶׁבַע הַשָּׁנִים
הַטּוֹבוֹת

מַפְסִידִים כְּנָפַיִים הַצּוֹמְחוֹת
רַק לְמִי שֶׁקּוֹדֶם קוֹפֵץ
אֶל הַתְּהוֹם
בִּלְעֲדֵיהֶן.

當時

當我們愛得無邊無際，上帝
來拿他應得的
我們扔給他一個輕輕的微笑因為我們覺得
他不值更多

凝視著遙遠的距離，當時我們相信
愛的蛋糕：
小塊油炸薄餅
渴望七載豐年

失去生長出的翅膀
只為那第一個跳入
深淵的人
沒有他們

(林婧　譯)

Back Then

When we loved without margins and God
came to take his due we threw him a faint smile
thinking he deserved
no more.

Long distance gazers, we put our trust in cakes of love:
little fried crepes
of lust
for the seven
good years

forfeiting wings that grow
only for those who first jump
into the abyss
without them.

(Translated by Lisa Katz)

אחריות

בֶּחָצֵר הָאֲחוֹרִית
פּוֹרֵחַ הַיּוֹם
(לְיוֹם)
הַקַּקְטוּס הַזֶּה שֶׁשְּׁמוֹ
לֹא יָדוּעַ לִי
וְאִם אֲנִי לֹא אֶרְאֶה אוֹתוֹ
מִי יִרְאֶה?

責任

後院
這株我叫不出名字的
仙人掌
今天開花了
（只開一天）
如果我不去看它
誰會看？

（林婧　譯）

Responsibility

In the back yard
blossoming today
(for a day)
is that cactus whose name
I don't know
and if I don't see it,
who will?

(Translated by Lisa Katz)

"לא היו נפגעים"

אִישׁ לֹא סִפֵּר אוֹתוֹ
אֶת הַחֲמוֹר הַקָּטָן הַמְּצֻלָּם
מִתַּחַת לַכּוֹתֶרֶת.

חֲמוֹר לָבָן
שֶׁחַיָּיו רְתוּמִים לִגְרוּטָאוֹת
וַאֲבַטִּיחִים,
עָמַד וַדַּאי בְּשֶׁקֶט כְּשֶׁהִדְּקוּ לְגוּפוֹ
אֶת אֲכַף הַדִּינָמִיט
עַד שֶׁטָּפְחוּ עַל אֲחוֹרָיו
וְדִרְבְּנוּ אוֹתוֹ
בְּיָאלְלָה אִיטְלַע
לְעֵבֶר הָאוֹיֵב -

רַק שֶׁאָז
בְּאֶמְצַע הַדֶּרֶךְ
הִבְחִין בְּעֵשֶׂב יְרַקְרַק
מְבַצְבֵּץ מִבֵּין הָאֲבָנִים

שֶׁבִּגְלָלוֹ סָטָה מִן הָעֲלִילָה
כְּדֵי לְלַחֵךְ,
שַׁיָּךְ רַק לְעַצְמוֹ
בַּשֶּׁקֶט הַמְּתַקְתֵּק.

לֹא נִכְתַּב מִי יָרָה:
אֵלֶּה שֶׁפָּחֲדוּ כִּי יִסֹּב לְאָחוֹר
אוֹ אֵלֶּה שֶׁסֵּרְבוּ לְקַבֵּל אֶת הַמַּתָּת

אֲבָל כְּשֶׁעָלָה בִּסְעָרָה הַשָּׁמַיְמָה
הָעֳלָה לְדַרְגַּת מְשִׁיחַ נֶפֶץ
וְשִׁבְעִים וּשְׁתַּיִם אֲתוֹנוֹת צְחוֹרוֹת
לִקְקוּ אֶת פְּצָעָיו.

「無人傷亡」

沒人談到牠
照片裏那頭小小的驢子
在標題的下方。

一頭白色的驢子
牠的一生都套在垃圾
和西瓜裏，
牠安安靜靜地站在那兒
讓人往身上拴緊炸藥鞍子
在牠背上一拍
踢上一腳
走吧！
朝著敵人去吧！

只是那一刻
半路上
牠發現了青草
從石頭間萌芽
因此牠偏離了計劃
只為了吃草

只屬於牠自己
這甜蜜的寧靜

沒有寫是誰開的槍：
是那些害怕牠調轉回頭的人
還是那些拒絕接受禮物的人

然而當牠在風暴中飛升天堂
地位提高成爆炸救世主
還有七十二頭純白的母驢
舔舐牠的傷口

(林婧　譯)

"No Casualties Reported"

 No one counted him,
the little donkey
in the photograph
below the headlines.

A white donkey,
his life shackled to scrap iron
and watermelons,
who surely stood still
as they strapped the saddle
of dynamite to his body,
until they patted his behind
spurring him on with a yallah itlah
to the enemy lines—

Only then
mid-road
did he notice the pale grass
sprouting between the stones
and he strayed

from the plot
in order to munch,
belonging only to himself
in the ticking silence.

It was not written who fired:
those who feared he would turn back
or those who refused the approaching gift
but when he rose to heaven
in a blaze
the donkey was promoted to
explosive messiah
and seventy-two pristine jennets
licked his wounds.

(Translated by Joanna Chen)

בגידה

כָּל גִּבְעוֹלֵי הַחַמְצִיץ שֶׁמָּצַצְתִּי
לֹא גִּלּוּ דָּבָר.

מִלִּים נֶעֶרְמוּ מֵאֲחוֹרֵי גַּבִּי
לְגִבְעָה יְרֻקָּה,
שִׁיפוֹת זָרְמוּ בְּמַעֲלֶה הַגְּזָעִים
וְזַרְעֵי הַתּוּרְמוּס בְּחֶשְׁכַת הָאֲדָמָה
זָמְמוּ אֶת הַכָּחֹל.

גַּם אִם אֵין צוּרַת יָחִיד לְדֶשֶׁא
וְרַק הָרַבִּים עוֹשֶׂה יָרֹק
לֹא יָכוֹלְתִּי לָדַעַת.

יַעַר בִּירְנָם הֵחֵל לָזוּז,
אַחַר כָּךְ הַמַּחֲשָׁבוֹת הֶחֱשִׁיכוּ
עִם כֹּל מָה שֶׁמֵּאֲחוֹרֵי הָעֵצִים.

背叛

我吮吸過的所有酢漿草莖
一無所獲

我背後的詞語堆砌
成一座綠色小山
韌皮流入了樹幹
羽扇豆的種子在泥土的黑暗中
密謀靛藍

縱然青草並無唯一模樣
唯有繁複方能化身為綠
我無從知曉

貝爾訥姆的森林開始移動
在那之後思想
與一切隱於樹後之物
變得黯淡無光

(林婧　譯)

Betrayal

All the sorrel stalks I sucked on
revealed nothing.

Words piled up behind my back
until they turned into a green hill.
Phloem coursed through the trunks;
lupine seeds plotted blue in the dark soil.

Even if there is no singular form for grass
and only the plural makes it green,
I could not have known.

Birnam Wood began to move,
afterwards thought darkened
with all that lay behind the trees.

(Translated by Joanna Chen)

בֵּין הָעֵצִים וְהַלֹּא עֵצִים

לֹא נוֹסַעַת לְשׁוּם מָקוֹם.
אֲנִי רְעוּעָה מִכְּדֵי לַעֲקֹר
מֵהֶקְשֵׁרַי
וְהָעַצְלוּת שֶׁבִּי שׁוֹאֶפֶת לְהַתְמִיד
בְּמַצָּבָהּ,
לְהַמְשִׁיךְ וְלִשְׁכֹּן בְּמֶרְחָבָהּ הַמֻּכָּר
לִפְנוֹת עֶרֶב
עַל הַמַּדְרֵגָה
כְּשֶׁהַדִּמְיוֹן שָׂבֵעַ
וְעֵינֵי הַצַּיָּדוֹת נָחוֹת כְּבָר
בְּגֻמְחוֹת רֹאשִׁי.

מָה אָקוּם פִּתְאוֹם אֵלֵךְ
אָבוֹא אֶבְחַשׁ
בִּגְלַל פַּרְדֵּס בָּשׁוּם שֶׁאֶת נְשִׁימָתוֹ
אֲנִי נוֹשֶׁמֶת -

דֶּקֶל וְיָשָׁר מוֹחֵק מִשְׁמֶשֶׁת הַשָּׁמַיִם

מִלִּים שֶׁנִּשְׁאֲרוּ אַחֲרֵי שֶׁהָאַהֲבָה הָלְכָה
וְגַם הָעוֹרְבִים אֶחָד אֶחָד נִרְגָּעִים
לְתוֹךְ הַבְּרוֹשׁ כְּמוֹ הַדָּם
לְתוֹךְ הַשֶּׁקֶט,
הַמַּחֲשָׁבָה אֵינָהּ חוֹמֶדֶת
אֶת תְּכָנֶיהָ
וַאֲנִי רַק הוֹוָה פֹּה
בֵּין הָעֵצִים וְהַלֹּא עֵצִים

דַּלְתִּי פְּתוּחָה לִרְוָחָה
וְהַלַּיְלָה הָרַךְ מְזֻמָּן לְתוֹךְ הַבַּיִת -

在樹與非樹之間

我甚麼地方都不去
我搖搖晃晃
無法從語境中自拔
我的懶惰渴望著
一成不變，
繼續居住在它熟悉的曠野
轉向傍晚
樓梯之上
當想像力飽足
我捕獵的雙眼已在
頭腦的壁櫃中休憩

我為何突然醒來
來你這裏鼓動你
因為一個芬芳果園
我曾呼吸它的氣息

筆直的椰棗樹從天空玻璃抹去
愛情走後話兒仍舊留存
烏鴉也一隻一隻的安靜下來

在血一般的柏樹之間
在靜謐之間，
思想並不渴求
它的內容
而我只在這裏出現
在樹與非樹之間

我的大門向安逸打開
歡迎這個柔軟的夜晚進入家裏

(林婧　譯)

Between the Trees and the non-Trees

I'm not going anywhere.
I'm too dilapidated to be moved
out of context,
and my laziness tends to stay
where it is,
settling down in a familiar space
at evening,
on the steps,
imagination sated,
my hunting eyes resting
in the sockets of my head.

Why should I get up,
come and go,
stir things up
because of a perfumed orchard
whose breath
I inhale—

Palm fronds wipe away
from the sky's windshield

the words remaining when love has gone
and the ravens too relax one by one
inside the cypress
like blood inside silence.

Thought doesn't covet
its contents.
I just
am here
between the trees and the non-trees,

my door wide open,
the soft night beckoned into the house.

(Translated by Joanna Chen)

בשם האם

גַּם הַלַּיְלָה אֲנִי רוֹאָה אוֹתְךָ
נִלְחָם מִתּוֹךְ שֵׁינָה בַּכָּרִים וּבַכְּסָתוֹת
לְיַד הַסֵּפֶר הַטָּרוּק
מִזְּמַן כְּבָר לֹא מַרְגִּישׁ
אֶת הָעֲדָשָׁה שֶׁמִּתַּחַת לַמִּזְרוֹן.

אֵיךְ טָרְפָה אוֹתְךָ רוּחֲךָ הָרָעָה
אֵיךְ כְּסוּסוֹת שָׁם רָאשֵׁי אֶצְבְּעוֹתֶיךָ
וְזָוִיוֹת הַפֶּה שֶׁלְּךָ נִקְעָרוּ כְּאִילוּ
אָכַלְתָּ דְּבָרִים חֲמוּצִים.

לֹא פֵּרַשְׁתָּ נָכוֹן אֶת עֵינַי, בְּנִי
אוּלַי כִּי דָּהִיתִי מִמָּוֶת
תְּלוּיָה כָּאן מְמֻסְגֶּרֶת
מוּל מִטָּתְךָ.

אִשָּׁה הִיא לֹא קֶרֶשׁ
הֲצָלָה

שֶׁנֶּאֱחָזִים בּוֹ בִּשְׁאֵרִית הַכֹּחַ
כְּדֵי לֹא לִטְבּוֹעַ

גּוּפָהּ אֵינוֹ בָּשָׂר
שֶׁתּוֹקְעִים בּוֹ יָתֵד
לִנְפֵּחַ עָלָיו אֹהֶל

אוֹ מָשֶׁהוּ שֶׁבּוֹלְעִים בַּלַּיְלָה
נֶגֶד חֲרָדָה.

אִשָּׁה אֵינָהּ נוֹצָה
בַּזָּנָב הַפָּרוּשׂ מוּל
קָהָל בָּדוּי
כְּדֵי לְהַרְשִׁים דַּרְכּוֹ
אֶת עַצְמְךָ

אֲפִלּוּ הִיא לֹא תּוּכַל
לְהוֹרִיד לַשָּׁעוֹן אֶת הַיָּדַיִם
מִן הַזְּמַן, בְּנִי

וַאֲנִי דַוְקָא חִבַּבְתִּי אֶת זוֹ
שֶׁהָיְתָה כֵּלִים שְׁלוּבִים עִם נִשְׁמָתְךָ
וּמֵעוֹלָם לֹא חָשַׁבְתִּי שֶׁמַּגִּיעַ לְךָ מַשֶּׁהוּ יוֹתֵר
מֵאַהֲבָה.

以母之名

今晚我同樣看到你
在睡夢中與被子枕頭戰鬥
在合上的書頁旁邊
已經很久都感覺不到
床墊底下的那枚豌豆

你的壞精神攪亂你
你的手指頭被咬掉
你撇著嘴角，就像是
吃了甚麼酸的東西。

你沒有正確詮釋出我的眼神，兒子
也許因為我已在死亡中褪色
這兒懸掛著一幅鏡框
對著你的床

女人不是救生板
以僅存的氣力抓著
為了不沉沒

她的身體不是肉
讓人插入釘子
在上面鼓起帳篷

也不是甚麼夜裏吞服下去
對抗焦慮的東西

女人不是開屏尾翼上的羽毛
對著虛擬的觀眾
只為給你自己留下印象

她甚至不能夠
從時間那裏卸下
鐘錶的指針，我的兒子

我偏偏喜歡這一位
跟你的靈魂如此契合
我從未曾想過你應當得到比愛情更多的東西。

(林婧　譯)

In the Name of the Mother

I see you again tonight
fighting sleep with pillows and down comforters,
a book slammed shut next to the bed.
You long since stopped feeling
the pea under the mattress.

Your evil spirit has devoured you,
your fingertips are bitten,
the edges of your mouth turned down
as if you had eaten something sour.

You misinterpreted the look I gave you,
my son, maybe because I faded in death,
hanging in a frame by your bed
for so long.

A woman is not a plank
you can cling to
with all your might
in order not to drown.

Her body is not flesh
you can pitch a stake in,
erect a tent over
or swallow at night
to dull the pain.

A woman is not a feather
in a tail spread out
for a fictitious audience
just to impress
yourself.

Even she cannot
remove the hands of the clock
from time, my son.

In fact, I liked the one
who dovetailed so well with your soul.
I never thought you deserved anything more
than love.

(Translated by Joanna Chen)

דיוקן עצמי עם נוף בתצלום בזק

הַתַּחַת הַזֶּה שֶׁנִּגְלָה לִי בְּמַפְתִּיעַ
בְּמַרְאָה מוּל מַרְאָה
בְּחֲדַר אַמְבַּטְיָה שֶׁל מָלוֹן
בְּעִיר זָרָה -
בְּהֶעְדֵּר כֹּל אַחֵר
מִלְּבָדִי -
הוּא כַּנִּרְאֶה שֶׁלִּי:

נוֹף יְרֵחִי חִוֵּר וּמְחוֹרָץ
מַכְתֵּשִׁים וְגִבְעוֹת צֶלוֹלִיטִיס
שֶׁעֲלֵיהֶן לָרִאשׁוֹנָה
אֲנִי נוֹחֶתֶת וְתוֹקַעַת
דֶּגֶל.

閃光燈下的風景肖像

我驚奇地發現了這個臀部
在對著鏡子的鏡子裏
旅館的浴室
陌生的城市——
空無一人
除了我
它顯然是我的：

我的月球景色蒼白殘缺
隕石坑和皮下脂肪小山包
我第一次在上面著陸，
立下旗幟。

(林婧　譯)

Snapshot

This backside revealed suddenly
in a mirror facing
a mirror
in the bathroom of a hotel
in a foreign city—
no one here
but me—
it must be mine:

pale moonscape
with furrowed craters and
hills of cellulite
that I land on
for the first time and plant
a flag.

(Translated by Joanna Chen)

האהבה מתייצבת למילואים

בַּחֲגוֹר מָלֵא וְסִיסְמָה
הִיא מַקְפִּיצָה אֶת עַצְמָה
אֶל חֲלוֹם הַלַּיְלָה
מְרַסֶּסֶת אֶת הַחֶדֶר
בְּרֵיחַ הַזֶּרַע
שֶׁל פִּרְחֵי הֶחָרוּב.

לְכִי, אֲנִי אוֹמֶרֶת לָהּ.
הַמִּלְחָמוֹת נִגְמְרוּ.
וְלִפְנֵי שֶׁאַתְּ עָפָה מִפֹּה
כִּתְבִי לִי מֵאָה פַּעַם
"סִלְחִי לִי שֶׁנִּגְלֵיתִי אֵלַיִךְ בְּגוּפוֹ שֶׁל עָרִיק".

愛情穩定成預備役

帶著全副裝備和密碼
她讓自己跳躍
朝著夜晚的夢
在房間裏噴上了
角豆樹花朵
種子的氣味

因此，我對她說。
戰爭結束了。
在你從這兒飛走之前
給我寫下一百遍
「請原諒我向你揭發了逃兵的身體。」

(林婧　譯)

Love Reports for Reserve Duty

With full military armor
and secret password
love issues herself a call-up
into a midnight dream,
spraying the room with
the semen-scent of carob blossom.

Go, I tell her.
The wars are over.
And before you get the hell out,
write me one hundred times:
Forgive me for revealing myself
to you in the body of a deserter.

(Translated by Joanna Chen)

הדרשה בלטרון

אַתֶּם הַמַּשְׁתִּינִים לִי עַל הָאַהֲבָה כְּאִלּוּ הָיְתָה
מְדוּרַת ל״ג בָּעֹמֶר, מְכַבִּים אוֹתָהּ גַּחַל גַּחַל בִּזְחִיחוּת
שֶׁל פֶּשַׁע מֻשְׁלָם וְאַחַר כָּךְ בּוֹכִים בַּלַּיְלָה
מוּל חָלוּק רֵיק אוֹ חֻלְצָה עַל קוֹלַב תַּיִל -
מָה עָבַר לָכֶם בָּרֹאשׁ ?

אָז הָפְכָה לָכֶם הַמֶּרְכָּבָה לִדְלַעַת
הַסּוּסִים לְעַכְבָּרִים
וְהַסְּחָבוֹת הֶחֱלוּ
לְבַצְבֵּץ.
אַתֶּם הַנּוֹגְסִים מִפְּרִי הַדַּעַת
מְכַסִּים עֲלֵי תְאֵנָה, הַיּוֹדְעִים לְהִכָּנֵס
וְלָצֵאת מִן הַכְּלָל
לֹא פְּחַדְתֶּם?
הַאִם לֹא שְׁמַעְתֶּם עַל אֱלוֹהִים
שֶׁאֵין לוֹ אֱלוֹהִים?

מְשׁוֹטְטִים תִּהְיוּ בַּשּׁוֹטֵף שֶׁל הַחַיִּים

כְּמוֹ כֶּלֶב בְּלִי קוֹלָר
לְעוֹלָם לֹא תֵּרָגַע בָּכֶם דְּחִיסוּת
לְתוֹךְ צוּרָה
וּלְעוֹלָם לֹא תִּשְׁמְעוּ יוֹתֵר
אֶת טַם-טַם הַלֵּב -

הִנֵּה רֹאשׁ הֶחָזִיר מֻנָּח עַל מַגָּשׁ,
תַּפּוּחַ יָרֹק תָּקוּעַ בְּפִיו,
נְאוּם ה'.

在拉特倫的講道

你們朝我的愛撒尿，就像
它是篝火節的一堆焰火，
撲滅一片一片灰燼
帶著完美罪惡的快感，之後你們在夜裏哭泣
對著空蕩的長袍或是鐵絲衣架上的襯衫
你們腦中想起了甚麼？

然後你們的馬車變成了南瓜，
馬匹變成老鼠，
破布頭開始冒了出來
你們嘗了智慧樹上的果實，
身穿無花果葉，深諳出入常規。
你們不害怕嗎？
你們難道沒有聽說過無主之神？
你們將成為人生洪流之中的流浪者
就像失去項圈的狗
永無安寧
也再也聽不到

心臟撲通跳動的聲音

豬頭放在盤子上，
嘴裏塞著一隻綠蘋果。
上帝說。

(林婧　譯)

The Sermon at Latrun

You piss on my love as if
it were a bonfire, extinguishing it
ember by ember with the arrogance
of the perfect crime, and afterwards
you cry at night in front of an empty robe,
a shirt on a barbed wire hanger—
What were you thinking?

So your carriages turned into pumpkins,
your horses to mice,
and rags began peeping through.
Both of you, covered in fig leaves,
biting into the apple of knowledge,
knowing how to enter and exit the norm—
Were you not afraid?
Did you never hear that God
has no God?

You will be wanderers in the cash flow
of life, dogs without collars.

You will never relax into form,
never again hear the heart go boom—

A pig's head resting on a tray,
a green apple stuffed in its mouth—
With this you remain—
So sayeth the Lord.

(Translated by Joanna Chen)

מראה לך

מִתְפַּשֶּׁטֶת בִּשְׁבִילְךָ עַד לִכְתַב יָדִי
עַד שֶׁרוֹאִים לִי אֶת הַגְּרוֹנִיּוֹת
אֶת הַנַּחְצִיּוֹת
אֶת הָאֶהֱוִי

עַד שֶׁרוֹאִים לִי אֶת הַסָּמֶךְ
וְאֶת הֲכִי סוֹפִיּוֹת שֶׁלִּי

אֶת הָעֵצִים מֵהֶם עֲשׂוּיִם
נְיָר, חֲלִילִים וְשֻׁלְחָן הַכְּתִיבָה
עִם הַכִּסֵּא הַמֵּסֵב אֵלָיו
רֵיק

כְּשֶׁאֲנִי בָּאָה אֵלֶיךָ
שֶׁתִּקְרָא לִי בַּדְּיוֹ.

給你看

為了你寬衣解帶，直至我的筆跡
直到看見我的喉音，
難發的輔音，
母音

直到看見我的O
我最末尾的尾碼

看到用來造紙的樹木，
笛子和書桌
還有空轉的椅子

當我來到你身旁
你將讀到我的墨蹟。

(林婧　譯)

Showing You

Undressing for you down to my handwriting
down to the gutturals
the hard phonetics
the vowels

until you see my O
my suffixes

the trees
pulped into
paper, flutes and the desk
with the chair that swivels
empty

when I come to you
so you will read my ink.

(Translated by Joanna Chen)

עצה

קְחִי נְשִׁימָה וְהַתְחִילִי לְהִתְרַחֵק:
הַיָּרֵחַ
הַמַּאֲדִים
צְבִיר כּוֹכָבִים
הִלָּתוֹ הַחֲלָבִית שֶׁל הָחוֹמֶר הָאָפֵל

מִשָּׁם עֲשִׂי אֶת דַּרְכֵּךְ לְאַט
חֲזָרָה:

הַקַּסְיוֹפֵּיאָה
זְנַב דֻּבָּה קְטַנָּה
אוֹקְיָנוּסִים, יַבָּשׁוֹת

כַּדּוּר הָאָרֶץ
עִם מִמְרַח הָאֱנוֹשׁוּת הָעוֹטֵף אוֹתוֹ -
הַקְּרוּם הַחַשְׁמַלִּי הָרוֹחֵשׁ

וְעַכְשָׁיו, עַל כִּסֵּא הָעֵץ
בְּחַדְרֵךְ
אִמְרִי לְעַצְמֵךְ שׁוּב:
לֹא צִטְטוּ אוֹתִי נָכוֹן,
דְּבָרַי הוּצְאוּ מֵהֶקְשֵׁרָם.

建議

你吸一口氣，去遠方：
月球
火星
星團
暗物質形成的乳白光暈

從那裏，你慢慢往回走：
仙后座
小母熊的尾巴
海洋，陸地

地球
包裹著一層人類漿糊
電力表皮沙沙作響

那麼現在，坐在你房間裏的
木頭椅子上，
再對你自己説一遍：
他們曲解了我的意思，
我的話被斷章取義。

(林婧　譯)

Advice

Take a breath and pull away:
to the moon,
to Mars,
to the galaxies,
the milky halo of dark matter.

Once there, make your way back slowly:
Cassiopeia,
the tail of the Little Bear
oceans, continents,

the Earth,
spread with a layer of mankind,
buzzing with electricity.

Then, on a wooden chair
in your room,
repeat to yourself:
my words were taken out of context.
I was misquoted.

(Translated by Joanna Chen)

שפת אם

הַשְּׁכֵנָה שֶׁמָּשְׁכָה אוֹתִי הַחוּצָה
וְחָתְכָה אוֹתִי מִמֵּךְ
אָמְרָה וַדַּאי: זֹאת יַלְדָּה!

אָבִי לִוָּה אָז סֶרֶט אִלֵּם
בַּפְּסַנְתֵּר הַיָּשָׁן בְּבֵית הַקּוֹלְנוֹעַ
וַאֲנִי גָּמַעְתִּי אוֹתָךְ מִיָּד,
מְחַפֶּשֶׂת אוֹתִי עַל הַמָּסָךְ הַמֻּשְׁלָג
שֶׁל עֵינַיִךְ.

שֶׁמֶשׁ סְתָוִית זָרְחָה אָז
בְּסִילַדְצֶ'ה,
צוֹעֲנִיָּה גִּלְּתָה לָךְ תְּמוּרַת אַוָּז
שֶׁאֶרְאֶה לַמֶּרְחָק
אֲבָל אִישׁ לֹא הֵבִין מָה נִבְּאָה הָאָלֶף הַקְּמוּצָה
שֶׁצָּרַחְתִּי חָזָק לְתוֹךְ הַחֶדֶר.

אַחֲרֵי זֶה הִתְכַּוַּצְתְּ לַאֲגוּדָל
שֶׁבִּמְקוֹמוֹ מָצַצְתִּי מַחַק
שֶׁל עִפָּרוֹן
עַד שֶׁהָפַכְתִּי אוֹתוֹ
וְהִתְחַלְתִּי לִכְתֹּב
שִׁירָה
שֶׁחָזְרָה לִהְיוֹת לִי
אֵם.

母語

那個鄰居把我拉
把我與你割斷
她肯定地說：是個女孩！

當時我的父親在給一部默片伴奏
用影院裏的那部老舊的鋼琴
而我立刻把你啜飲了下去
你的眼睛是一片白雪覆蓋的螢幕
在上面尋找我

當時秋日的太陽高照
在西拉查
一個吉普塞女人為你揭示了鵝的回報
好讓我遠遠地看著
可是沒人明白縮寫的字母A預言了甚麼
我朝著房間用力大喊

在這之後，你縮小成了拇指
我吮吸鉛筆橡皮以替代它
直到我變成了它

並開始寫作
一首詩歌
詩裏説換我成了
母親。

(林婧　譯)

Mother Tongue

The neighbor who pulled me out,
who cut me away from you,
likely said: It's a girl!

I gulped you down
right away, searching
for myself
on the snowy screen
of your eyes. My father
meanwhile accompanied
a silent movie on an old piano
in a cinema.

An autumn sun was shining
in Szilagycseh.
In exchange for a goose,
a gypsy revealed I would see far
but no one understood
the prophetic ahh,
the lingering *aleph* I screamed into the room.

Later you shrivelled into a thumb
that became an eraser
atop a pencil
that I sucked on until I turned it
around and began to write
poetry
that returned to me
as mother.

(Translated by Joanna Chen)

תזכורת (2)

כְּשֶׁהִתְפַּלַּלְתְּ דִּבַּרְתְּ וְדִבַּרְתְּ
עַכְשָׁו תּוֹרֵךְ לְהַקְשִׁיב:
דָּבָר לֹא מִתְפַּעֲנֵחַ
מִבֶּגֶד הַמִּלִּים הַמְּחֹרָר
אוֹ מִלּוֹת הַדּוֹמִינוֹ הַקּוֹרְסוֹת לְאָחוֹר.
אַתְּ אֲמוּרָה כְּבָר לָדַעַת שֶׁאֵין
בַּטֶּבַע קַוִּים יְשָׁרִים, בִּמְיֻחָד לֹא
בָּאֹפֶק הַמַּפְגִּישׁ שָׁמַיִם וָאָרֶץ -
הַכֹּל שָׁם גְּבָעוֹת וְזִיזִים וְהַחוּקִים
הָאֵלֶּה חָלִים גַּם עֲלֵיכֶם
אֲבָל זִכְרִי, לִפְנֵי שֶׁאַתְּ נִסְפֶּגֶת
לְתוֹךְ הַשִּׁיר
כִּי הָאָבִיב מַתְחִיל בְּצָהֹב,
בְּוָבָטִים דּוּ כְּנָפַיִים
הַמְּרִימִים אֶת קְרוּם הָאֲדָמָה
בְּכֹחַ הַשָּׁמוּר רַק לָרוֹךְ.

備忘錄 (2)

當你祈禱的時候，你説了又説
現在輪到你傾聽了：
沒有東西能被解碼
無論是穿孔的字詞外衣
還是向後倒的多米諾詞語
你理應知道
自然界中沒有筆直的線條，尤其是
在連接天與地的地平線上
那裏全都是山丘和礁石，
這些法律同樣對你們生效
但你要記住，在你浸染到這首詩裏之前
春天的起始是黃色，
是長著雙翅的嫩芽，
用只保存在柔軟之中的力量，
抬起地殼。

（林婧　譯）

Memo (2)

When you prayed, you talked
on and on.
Now it's your turn to listen:
Nothing will be deciphered
through this threadbare cloth of words,
these domino letters collapsing backwards.
You should know already there are
no straight lines in nature, particularly
on the horizon where earth meets sky—
it's all hills and protrusions. These
rules govern you, too. Remember,
before you get sucked up
into the poem,
that spring begins in yellow
when two-winged sprouts
lift up the earth's crust
with a strength reserved only
for the gentle.

(Translated by Joanna Chen)

艾棘・米索，以色列著名詩人，創意寫作教師。1946 年出生於外西凡尼亞，其父母是奧斯維辛集中營的生還者，1950 年跟隨父母遷往以色列。米索出版了16 本詩集，其中兩本是回顧集，分別出版於2003 和2015 年。她的詩曾被改編成音樂，並翻譯成多國語言出版，包括《Look There》（英文）、《Journal du verger》（法文）、《Ropa Tendida》（西班牙文）以及《Şheherezada》（羅馬尼亞文）等。米索曾獲得總理獎、阿米亥詩歌獎等多個獎項。2015 年，她被提名為特拉維夫大學榮譽博士，獲取意大利「勒里奇皮亞詩歌獎」。米索居住在特拉維夫的一個農莊。她在耶路撒冷希伯來大學取得碩士學位，後於特拉維夫大學和耶路撒冷大學教創意寫作，目前擔任特拉維夫「赫利孔」詩歌學校校長。

Agi Mishol is an established Israeli poet and creative writing teacher. She was born in Transylvania in 1946 to Hungarian Holocaust survivors who came to Israel in 1950. She holds a master's degree from the Hebrew University of Jerusalem and has taught creative writing at Tel Aviv University and the Hebrew University. Mishol has published sixteen volumes of poetry, including two retrospective collections of her work published in 2003 and in 2015. Some of her poems have been set to music and others translated into many languages, including *Look There* (in English, by Graywolf Press), *Journal du verger* (in French, by Caratères), *Ropa Tendida* (in Spanish, by Poesía Mayor), and *Şheherezada* (in Romanian, by Institutul Cultural Român). Mishol has received the Prime Minister's Award, the Yehuda Amichai Prize and many other awards. This year, she was nominated by Tel Aviv University as Doctor Philosophiae Honoris Causa and received the Lerici-Pea prize in Italy. Mishol is currently the director of the "Helicon" school of poetry in Tel Aviv. She lives in an agricultural community.

出版 Publisher
香港中文大學出版社 The Chinese University Press

封面影像 Cover Image
北島 Bei Dao

出版日期 Date of Publication
二零一五年十一月 November 2015

國際書號 ISBN
978- 962- 996- 733- 8

香港國際詩歌之夜 2015 International Poetry Nights in Hong Kong 2015
主辦單位 Organizer
香港中文大學文學院 Faculty of Arts, The Chinese University of Hong Kong

協辦單位 Co-organizers
香港中文大學中國文化研究所
Institute of Chinese Studies, The Chinese University of Hong Kong
香港中文大學出版社 The Chinese University Press
香港兆基創意書院 HKICC Lee Shau Kee School of Creativity
廣州時刻文化傳播有限公司 Moment Communications

贊助 Sponsors
香港法國文化協會 Alliance Française de Hong Kong
上海廿一文化發展有限公司 Shanghai 21 Culture Promotion Co., Ltd.
中國會 The China Club
香港文學出版社有限公司 The Hong Kong Literary Press Co. Limited
斑馬谷文化發展 (北京) 有限公司 Zebra Valley Culture Development

Printed in Hong Kong